CATALOGUE

DE

LIVRES RARES

ANCIENS ET MODERNES

EN DIVERS GENRES

THÉOLOGIE

---

1. La Sainte Bible, traduite sur les textes originaux avec les différences de la Vulgate. *A Cologne, aux depens de la Compagnie,* 1739, in-12, texte à 2 col. car. micr. titre gravé, v. ant. gran.

2. LA SAINTE BIBLE, contenant l'Ancien et le Nouveau Testament, traduite en français sur la Vulgate, par M. Le Maistre de Sacy. Nouvelle édition, ornée de 300 figures gravées d'après les dessins de M. Marillier. *A Paris, chez Defer de Maisonneuve, de l'Imprimerie de Monsieur,* 1789-1804, 12 vol. in-8, fig. v. rac. dent. tr. dor.

3. La Bible, traduction de la Vulgate, par Le Maistre de Sacy. Ancien Testament. *Paris, au Bureau central,* 1834-35, 3 vol. gr. in-8, texte à 2 col. fig. demi-rel. v. f.

   Taches de rouille.

4. La Sainte Bible, traduite par Le Maistre de Sacy. *Paris, Furne,* 1841, 4 vol. gr. in-8, texte à 2 col. fig. gravées hors texte, demi-rel. chag. noir, fil.

   Timbre sur les titres. Taches d'humidité.

5. La Bible, traduction nouvelle, avec l'hébreu en regard, accompagné des points-voyelles et des accents toniques, avec des notes philologiques, géographiques et littéraires, et les principales variantes de la version des Septante et du texte samaritain, par S. Cahen. *A Paris, chez l'auteur, et Th. Barrois, Treuttel et Wurtz,* 1832 à 1845, 18 vol. in-8, demi-rel. chag. noir.

6. The Holy Bible, containing the Old and New Testaments, translated out of the original tongues and with the former translations diligently compared and revised, by his Majesty's special command. *Oxford, printed at the University press,* 1865, in-4, texte à 2 col. gros caractères, peau de mouton.

7. Liber psalmorum. In-4, dérelié.

MANUSCRIT du XVIᵉ siècle sur vélin, composé de 76 ff.

8. Proverbia Salomonis... *Apud Seb. Gryphium, Lugduni,* 1543, in-16 de 278 pp. v. br. fil. à froid.

Exemplaire portant les armoiries de HENRI II, ROI DE FRANCE, quand il était encore Dauphin.
Le dos et les angles de la reliure ont été restaurés.

9. Le Nouveau Testament de Notre Seigneur Jésus, traduit en françois par Mesenguy. Nouvelle édition, avec une préface par M. Silvestre de Sacy. *Paris, J. Techener,* 1860, 3 vol. in-12, cart. non rog.

10. Sancti Pauli Epistolæ (græce). *Lutetiæ, ex officina Rob. Stephani,* 1568, pet. in-12, mar. r. comp. à la Du Seuil, tr. dor. (*Rel. anc. fatiguée.*)

Taches de rouille.

11. Paraphrase sur les deux Épistres de sainct Paul aux Corinthiens, par Ant. Godeau, évesque de Grasse. *A Paris, chez Jean Camusat,* 1637, in-12, titre gravé, vél.

12. Indice et Concordance des choses contenues en la Bible, disposé par lieux communs selon l'ordre alphabétique. *Genève, de l'imprimerie de Claude Dehuchin,* 1563, pet. in-8, 272 ff. non chiff. vél.

Volume protestant rare, imprimé en très petits caractères.

13. Elias Thesbites sive de rebus Eliæ prophetæ commentarius posthumus Ægidii Camarti cum indice quadruplici. *Parisiis, apud Seb. Cramoisy,* 1631, in-4, mar. r. fil. tr. dor. (*Rel. anc.*)
Mouillures.

14. L'Histoire du Vieux et du Nouveau Testament, représentée avec figures et des explications édifiantes, par le Sʳ de Royaumont. *Paris, N. Pepie,* 1702, gr. in-4, nombreuses et belles planches à mi-page, demi-rel. cuir de Russie.

Timbre sur le titre.

15. Recherches historiques sur la personne de Jésus-Christ, sur celle de Marie, par un ancien bibliothécaire (Gabr. Peignot). *Dijon, Victor Lagier,* 1829, in-8, demi-rel. chag. La Vall. fil.

16. Recherches historiques sur la personne de Jésus-Christ, sur

celle de Marie, sur les deux généalogies du Sauveur et sur sa famille..., par un ancien bibliothécaire (Gabr. Peignot). *Dijon, V. Lagier*, 1829, in-8, br.

17. Vita et Miracula Christi ex Novo Testamento. La Vie et les Miracles de Jésus-Christ tirez du Nouveau Testamēt. *Gerard Jollain excudit Rue St Jacque a lenseigne de la Ville de Colongne*, s. d., in-4 obl. titre et 120 planches, vél.

> Suite rare. Les planches 32 à 38 donnent de jolis costumes Louis XIII, dans le genre d'Abraham Bosse. La planche 71 est un peu plus courte que les autres.

18. Histoire du Vieux et du Nouveau Testament, enrichie de plus de 400 figures en taille-douce (texte en hollandais). *Amsterdam, P. Mortier*, 1700, 2 vol. in-fol. fig. veau marb. à comp. en or. (*Reliure hollandaise.*)

> Exemplaire en GRAND PAPIER, avec de belles épreuves, et la dernière planche avant les clous.

19. Figures du Nouveau Testament (avec des sixains français de Charles Fonteine). *A Lion, par Jan de Tournes*, 1558, pet. in-8 de 52 ff. non chiffrés, titre encadré, 96 fig. sur bois, demi-rel. chag. r. avec coins.

> Figures dans le genre de Salomon Bernard, dit le Petit-Bernard.
> Quelques feuillets sont remmargés dans le fond. Raccommodages.

20. Histoire critique du Vieux Testament, par Richard Simon, Oratorien. *S. l. n. d. (Paris, veuve Billaine*, 1678), in-4, v. gran.

> Ouvrage supprimé par ordre du chancelier, sur l'avis de Bossuet. L'édition fut entièrement enlevée de chez l'imprimeur (sauf six exemplaires qui ont été conservés), avant que l'impression fût totalement achevée, de manière que l'exemplaire que nous indiquons n'a ni titre ni frontispice.
> En tête de ce volume se trouve une copie manuscrite de l'arrêt du Conseil donné à Saint-Germain-en-Laye, le 19 juin 1678, supprimant l'ouvrage, et des notes autographes de M. Beckford, grand amateur anglais.

21. Institutions liturgiques par le R. P. dom Prosper Gueranger, abbé de Solesmes. *Paris, Victor Palmé*, 1878, 2 vol. in-8, br.

22. Les Raisons de l'office et cérémonies qui se font en l'église catholique, apostolique et romaine, par Claude Villette, chanoine en l'église de Saint-Marcel-lez-Paris. *A Rouen, chez David de La Mare*, 1648, pet. in 8, parch.

23. A Glossary of liturgical and ecclesiastical terms, compiled and arranged by the Rev. Frederick-George Lee. *London, B. Quaritch*, 1877, pet. in-4, fig. dans le texte, cart.

24. The Book of common prayer and administration of the sacra-

ments and other rites and ceremonies of the church, according to the use of the United church of England and Ireland. *Oxford, printed at the University press*, 1865, in-4, texte à 2 col. gros car. peau de mouton.

25. Rituale. In-16, ais de bois recouverts de v. brun, comp. à froid.

> Manuscrit du xv⁰ siècle sur vélin, à l'usage d'un couvent de Domini-caines allemandes, il contient un rituel assez étendu pour l'administration des malades, pour la sépulture, avec des répons notés, les sept Psaumes de la pénitence et les Litanies.
>
> Ce manuscrit, incomplet du 1er feuillet, se compose de 125 ff. caractères rouge et noir.

26. Antiphonarium aurelianense Ludovici Sextii de Jarente de La Bruyère episcopi Aurelianensis, jussu et auctoritate recens editum. *Aurelianis typis viduæ Rouzeau-Montaut*, 1772, 2 parties en 1 vol. in-fol. musique notée, ais de bois recouverts en bas. ant. coins de fer.

> Cassures et mouillures.

27. Graduale aurelianense Ludovici Sextii de Jarente de La Bruyère episcopi aurelianensis, jussu et auctoritate recens editum. *Aurelianis, typis viduæ Rouzeau-Montaut*, 1773, 2 parties en 1 vol. in-fol. musique notée, ais de bois recouverts en bas. ant. coins de fer.

> Exemplaire très fatigué, nombreuses cassures raccommodées.
> Mouillures, feuillets détachés.

28. Heures nouvelles dédiées à Madame la Dauphine, contenant tous les offices, vespres, hymnes, proses et prières qui se disent à l'église (français et latin). *Paris, chez Soubron*, 1682, in-8, fig. de Landry, chag. br. fermoirs en cuivre.

> Mouillures. Exemplaire fatigué.

29. Le Psautier des Églises réformées, revu, corrigé et en grande partie refondu par Jacob-Henri Vernède, pasteur de l'église Walonne. *A La Haye, chez les héritiers de Isaac van Cleef et B. Scheurleer le jeune, s. d.*, in-12, mar. vert jans. tr. dor. (*Reliure de la fin du* xviii⁰ *siècle.*)

30. Deux Épistres des célèbres docteurs sainct Hierosme et sainct Basille, traduictes de latin en vulgaire. *Lyon, par Jean de Tournes*, 1543, in-16 réglé de 63 pages, cart.

> Petite pièce fort rare et signée à la page 62, *Lesyal ie lacveil;* elle est dédiée à la comtesse de La Rochefoucault, Anne de Poulignac.

31. Sancti Bonavēture tra||ctatus et libri qʒplurimi. (In fine :) *Libri et tractatus una cū orōe invita et miracula scti Bonavēture, p. Martinū Flach Argentine, finiūt felicit.* 1489, in-fol. de

2 ff. prélim. et 285 ff. chiffrés, car. goth. texte à 2 col. non relié.

> Une partie du coin de la marge extérieure est raccommodée.
> Mouillures, piqûres de vers.

32. Explication historique, dogmatique, morale, liturgique et canonique du catéchisme, par l'abbé Ambroise Guillois. *Le Mans et Paris*, 1853, 4 vol. in-12, demi-rel. v. br. avec coins.

33. Incipit quarta pars Sūme majoris beati Antonini archiep. Floreñ. (In fine :) *Impressum est autem presens opus Parrhisiis per Magistrū Andream Boucard, expēsis Johūnis Petit*, 1521, in-4 de 377 ff. chiffrés, car. goth. texte à 2 col. vél.

> 4° partie de la Somme d'Antoninus.
> Exemplaire incomplet du premier feuillet.
> Mouillures.

34. Predictus || tractatus de anima. (In fine :) *Explicit brevis tractatus de anima et accidentibus||ejus per dūm Petrū de Aillyaco cōpilatus || impressusq; Parisius per Huidonē || Mercatoris anno* 1494, in-8 de 1 f. prélim. et 34 ff. non chiffrés, car. goth. dérel.

> Notes manuscrites marginales.
> Incomplet du titre; fortes piqûres de vers et mouillures.

35. Lettres sur divers sujets concernant la religion et la métaphysique, par feu messire François de Salignac de La Motte Fénelon (avec une préface de Ramsay). *Paris, chez Jacq. Estienne*, 1718, in-12, v. gran. fil.

> ÉDITION ORIGINALE. *Ex libris* Sunderland.

36. Pensées sur divers sujets de religion et de morale, par Bourdaloue, précédées d'une introduction par M. Silvestre de Sacy. *Paris, L. Techener*, 1868, 2 vol. pet. in-8, demi-rel. mar. r. jans. tête dor.

37. Summa angelica venerabilis in || rpo pris frīs Angeli de Clavasio ordīs minor. || de observātia cū qbusdā novis et oppor || tunis additiōib. ejusdē. (In fine :) *Explicit sūma angelica de casibus cō||scie p. fratrē Angeli de Clavasio, Venetiis īpressa per Paga || ninum de Paganinis*, 1489, in-8 de 17 ff. prélim. non chiffrés et 438 ff. chiffrés, car. gothiques, texte à 2 col. demi-rel. mar. vert, tête dor.

> Titre doublé, raccommodage au bas de la marge du 3e f. prelim.
> Mouillures.
> Notes manuscrites marginales.

38. Directions pour la conscience d'un roi, par Fénelon. *A Paris, chez Ant.-Aug. Renouard*, 1825, in-16, portrait et fac-similé, mar. olive, comp. à froid, tr. dor.

39. Liber de vilitate conditio||nis humane. (In fine :) *Explicit liber de vilitate conditionis humane Parisiis impressus per magistrum Petrum le Dru*, s. a., pet. in-16 de 3 ff. prélim. et 33 ff. non chiffrés, car. gothiques, marque de Jehan Petit sur le titre, vél.

Mouillures.

40. Sermo||nes quadra|| gesimales Magi || stri Jacobi de Voragine. Nec non || episcopi Januelis || in quibus habetur duo ser||mones p. unaquaq; die ipius || teporis quadragesimalis. Cū || speciali sermone de passione || dominica. Et de plactu iteme ||rate virginis Marie. *S. l. s. a.*, in-8 de 10 ff. prélim. et 167 ff. non chiffrés, car. goth. texte à 2 col. vél. vert.

Exemplaire de la bibliothèque de l'abbaye Saint-Victor.
Mouillures, ratures à l'encre.

41. MAILLARDI (Oliverii) SERMONES. Novum diversorū sermonū op']|| hactenus nō impressū. Reverēdi||patris Oliverii Maillardi, quod|| merito supplemetū priorū sermo||nū iā dudū impssor poterit nūcu || pari cui'opis cōtentorum ordo ||sequitur pagina sequenti. *Venundatur Parisii in vico Sācti Jacobi ad intersignium lilii. In domo Joannis Parui*, in-8, 171 feuillets chiffrés, plus un feuillet blanc. — Sequuntur quattuor sermones || comunes per adventum : et consequenter dominicales sermo||nes nondum impressi reverendi patris fratris Oliverii Mail||lardi : quondam vicarii generalis ministri super fratres mino||res de observantia citramontasi. *Venundatur Parisii in vico sancti Jacobi ad intersignium Lilii in domo Joannis Parui*, in-8, 152 feuillets chiffrés. — Juini eloquii preconis celeberri || Dni fratris Oliverii Maillardi || ordinis minorum professoris. || Sermones de adventu : declamati Pari||sius in ecclesia sancti Johanis in gravia. *S. l. s. a.* (1506), in-8, 116 feuillets chiffrés pour le texte et 5 feuillets non chiffrés pour la table, plus 1 feuillet blanc. — Opus quadragesimale egregiū ma||gistri Oliverii Maillardi sacre theolo||gie preclarissimi ordinis minorū preco||nis : quod quidem in civitate rāne-teñ || fuit per eūdem publice declamatum : ac || nuper Parisius impressum. *S. l. s. a.*, in-8, 102 feuillets chiffrés et 2 ff. de table et un supplément de 20 feuillets. — Sermonum quadragesimaliū ha || ctenus nusq; impressorum : per famo|| sissimū divini verbi precone fratrem Oliveriū Maillardi ordinis minorū || declamatorū. *Impensis honesti viri* || *Johānis Petit Parisien. librarii iu||rati finis adest. kal. februarii an*|| *no millesimo quingentesimo sexto* (1506), 15 ff. n. chiff. — Ens. 5 ouvr. (publiés de 1506 à 1522) en 1 vol. in-8, texte à 2 col. car. goth. peau de truie, comp. à froid sur les plats. (*Reliure de l'époque.*)

Bel exemplaire, marque de Jehan Petit sur les titres.

42. Sermones quadragesimales || thesauri novi. (In fine :) *Opus perutile sermonū quadragesimali||um Thesaurus novus nuncupatū*

Argentine impressus anno Domini M.cccc.lxxxxi (1491), in-fol. de 2 ff. prélim. et 133 ff. non chiffrés, car. goth. texte à 2 col. br.

Mouillures, fortes piqûres de vers, marges raccommodées à 2 feuillets.

43. Sermones fratris Antonii de Bitonto ordinis fratrū minor. ‖ de observantia super epistolas‖dominicales per totum annum‖ et super eplas quadragesimales. (In fine :) *Sermones quadragesimales fratris Antonii de Bitonto felici nomie expliciunt ipressi p. Joanne Hertzog ipensis spectabil. viri Nico de Frākfordia anno rp̄i* 1496, 156 ff. chiffrés. — Expositiones evangeliorum ‖ dñicalium totius anni fratris ‖ Antonii de Bitōto ordinis fra‖trum minorū de observantia. (In fine :) *Postilla seu expositio mystica evangeliorū dñicalium totius anni edita ab Anthonio de Bitonto, ordinis fratrum minorum de observantia... Impressa Venetiis per Joan. Hertzog, anno christianissime nativitatis post millesimum quaterqȝcētesimū nonagesimo sexto* (1496), 4 ff. prélim. et 114 ff. chiffrés. — Ens. 2 ouvr. en 1 vol. in-4, car. goth. texte à 2 col. ais de bois recouverts en bas. ant.

Mouillures, piqûres de vers.

44. Sermons du Père Charles Frey de Neuville. *A Paris, chez Mérigot le jeune,* 1776, 8 vol. in-12, mar. r. jans. tr. dor. (*Rel. anc.*)

45. Traité de l'Oraison, divisé en sept livres (par P. Nicolle). *A Paris, chez Josset,* 1684, pet. in-8, bas. r. dent. tr. dor.

46. L'Imitation de Jésus-Christ, traduite en vers françois par P. Corneille. *Imprimé à Rouen et se vend à Paris, chez Aug. Courbé,* 1653, 2 parties en 1 vol. in-12, frontispices gravés, bas. viol. tr. dor.

Traduction des deux premiers livres, avec texte en regard, sans figures.

47. Giovanni Gerson, sein Leben und sein Werk de *Imitatione Christi,* von Dr. Cœlestin Wolfsgruber. *Augsburg,* 1880, gr. in-8 de 268 pages, br.

Volume bien imprimé et tiré à petit nombre. Il est orné de 7 planches de fac-similés des plus importants manuscrits de l'*Imitation*. L'auteur prouve que ce livre existait déjà au xiiie siècle, et il cite des manuscrits antérieurs à la naissance du chancelier Gerson, et par conséquent de Thomas de Kempis.

48. Ant. Sucquet e societate Jesu via vitæ æternæ iconibus illustrata per Bœtium a Bolswert. Editio sexta. *Antuerpiæ, apud Henr. Ærtssium,* 1625, in-8, titre gravé et 32 fig. numérotées, ais de bois recouverts en mar. noir, dent. fermoir de cuivre.

Mouillures.

49. Recueil des Épîtres et des Evangiles de toute l'année avec leur explication, etc., par le P. Antoine Girard de la Compagnie de Jésus. *A Paris, de l'Imp. royale*, 1661, in-4, mar. r. fil. tr. dor. (*Rel. anc. fatiguée avec armoiries royales sur les plats.*)

> Taches.

50. Le Relief de l'âme pecheresse, autheur frere Juhan de Rosay, Carme. Nouvellement imprimé à Paris avec privilège, 1542. *On les vend à Paris en la grande salle du Palais, en la boutique de Jehan André, libraire juré en l'Université de Paris*, in-12 de 31 ff. demi-rel. bas.

> Court en tête.

51. Occasio arrepta neglecta, huius commoda, illius incommoda, auctore R. P. Joanne David. *Antverpiæ, ex officina Plantiniana, apud Joa. Moretum*, 1605, in-4, fig. vél.

> Belles gravures en taille-douce par Théod. Galle.

52. Traicté du célibat des prestres, par Urbain Grandier, curé de Loudun. Opuscule inédit, introduction et notes par Robert Luzarche. *Paris, René Pincebourde*, 1866, in-12 de 38 pp. front. mar. r. à longs grains, fil. tr. dor.

> Exemplaire sur PAPIER DE CHINE.

53. Le Miroir des chanoines, par Me Vital Bernard, chanoine en l'église cathédrale de Nostre-Dame-du-Puy. *A Paris, chez Jacques Quesnel*, 1630, pet. in-8, titre gravé, vél.

54. Petri Danielis Huetii, alnetanæ quæstiones de concordia rationis et fidei. *Parisiis, apud Thomam Moette* 1690, 1 vol. — Ancienne et nouvelle Discipline de l'Eglise touchant les bénéfices et les bénéficiers, extraite de la Discipline composée par le R. P. Louis Thomassin, prêtre de l'Oratoire, avec des observations sur les libertez de l'Eglise gallicane et la vie de l'auteur, par M*** (L. d'Héricourt). *Paris, J. de Nully*, 1717, 1 vol. — Ens. 2 vol. in-4, bas.

55. Justi Lipsi de cruce libri tres ad sacram profanamque historiam utiles. *Antverpiæ, ex officina Plantiniana, apud Joan. Moretum*, 1599, in-4 de 104 pp. fig. gravées, parch.

> Mouillures, piqûres de vers.

56. Demonstrationum religionis christianæ ex verbo Dei libri tres Francisco Sonnio theologo Episcopo Buscoducensi auctore. *Lugduni, apud Guliel. Rouillium*, 1564, pet. in-8, bas.

57. Bossuet. Œuvres diverses, en ÉDITIONS ORIGINALES (*sauf l'article n° 5*), 11 vol. in-12, v. br.

> 1. Traité de la communion sous les deux espèces. 1682.
> 2. Explications de quelques difficultés sur les prières de la messe. 1689.

3. Seconde Instruction pastorale sur les promesses de Jésus-Christ à son Église. 1701. (Piqûres de vers.)
4. Seconde Instruction sur les passages particuliers de la version du Nouveau Testament, imprimés à Trévoux. 1703.
5. Seconde Instruction pastorale. 1726. — Lettre à la Rév. Mère abbesse et religieuse de Port-Royal, touchant la signature du formulaire (3° édition). 1726.
6. Élévations à Dieu sur tous les mystères de la religion chrétienne, 2 part. 1727.
7. Défense de l'Histoire des variations contre la réponse de M. Basnage. 1727.
8. Traitez du libre arbitre et de la concupiscence, 2 tomes en 1 vol. 1731.
9. — Même ouvrage que le précédent.
10. Traité de l'amour de Dieu. 1736.
11. Claude. Réponse au livre de M. l'évêque de Condom, qui a pour titre : Exposition de la doctrine de l'Église catholique sur les matières de controverse. 1672.

58. La Foy devoilée par la raison dans la connoissance de Dieu, de ses mystères et de la nature, par Monsieur Parisot. *Paris,* 1681, in-8, v. br. fil. tr. dor.

59. Études sur le Christianisme et l'Église. Réunion de 5 vol. in-8, br.

Études philosophiques sur le christianisme, par Auguste Nicolas. *Bruxelles,* 1846, 2 vol. — Clément XIV et les Jesuites. par J. Crétineau-Joly. *Paris,* 1847, 1 vol. — Institutions diocésaines, ou Recueil des règlements publiés par Mgr l'évêque de Digne, pour la constitution de son chapitre et l'organisation de son officialité. *Paris,* 2 vol.

60. Essai sur l'indifférence en matière de religion, par F. de Lamennais. *Paris, Pagnerre,* 1844, 4 vol. in-12, br.

Le tome Ier est de l'édition *Garnier,* 1859.

61. Christianity contrasted with hindu philosophy, an essay in five books, sanskrit and english, by J.-R. Ballantyne. *London,* 1859, 1 vol. texte à 2 col. — Y ewir yn erbyn y byd. Barddas. with translations and notes by the rev. J.-W. Ab Ithel. *Llandovery,* 1862, 1 vol. (tome I). — Ancient faiths embodied in ancient names, by Thomas Inman. *London,* 1873, 1 vol. (tome II). — Ens. 3 vol. in-8, cart. perc.

62. La Saincte Messe déclarée et défendue contre les erreurs sacramentaires de nostre temps, ramassez au livre de l'*Institution de l'Eucharistie de Du Plessis,* par Louys Richeome, provincial de la Compagnie de Jésus. *A Arras, de l'imprimerie de Guillaume de La Rivière,* 1601, 2 tomes en 1 vol. pet. in-8, vél.

63. Anatomie de la messe, ou est montré par l'Escriture saincte, etc., que la messe est contraire à la parole de Dieu..., par Pierre du Moulin. *Genève, Matthieu Berjon,* 1636, in-8, vél.

Mouillures.

64. Mélanges religieux. 12 vol. in-8, demi-rel.

1. Histoire de la vie de Notre-Seigneur Jésus-Christ, par le Père de Ligny. *Paris*, 1844, 2 vol.

2. Tradition de l'Église sur l'institution des évêques, par M. l'abbé F. de Lamennais. *Bruxelles*, 1830, 1 vol.

3. Explication des prières et des cérémonies de la messe, par le P. Lebrun. *Besançon*, 1844, 1 vol.

4. Portrait politique des papes, par Juan-Antonio Llorente. *Paris*, 1822, 2 tomes en 1 vol.

5. Traité des congrégations religieuses, par Armand Ravelet. *Paris. Palmé*, 1869, 1 vol.

6. Théologie dogmatique, ou Exposition des preuves et des dogmes de la religion catholique, par Mgr Thomas-M.-J. Gousset. *Paris*, 1848, 2 vol.

7. Histoire critique des projets formés depuis trois cents ans pour la réunion des communions chrétiennes, par M. Tabaraud. *Paris*, 1824, 1 vol.

8. Principes sur la distinction du contrat et du sacrement de mariage, par M. Tabaraud. *Paris*, 1825, 1 vol.

9. L'Excellence de Marie et de sa dévotion, par un religieux passioniste. Traduit du manuscrit italien. *Tournay*, 1841, 2 vol.

---

65. Zend-Avesta, ouvrage de Zoroastre, traduit en français sur l'original Zend par M. Anquetil Du Perron. *A Paris, chez N.-M. Tilliard*, 1771, 2 vol. in-4, fig. tableaux, v. ant. marb.

---

66. Histoire de l'état de l'homme dans le péché originel (traduite du latin de Adr. Beverland, par J.-Fr. Bernard). *Imprimé dans le monde (Amsterdam, J.-F. Bernard)*, 1731, in-12, mar. La Vall. fil. à froid. dent. int. tr. dor. (*Brany.*)

67. Réflexions curieuses d'un esprit des-intéressé sur les matières les plus importantes au salut, tant public que particulier. (Ouvrage traduit du latin de Spinoza, par de Saint-Glain.) *Cologne, Cl. Emmanuel*, 1678, in-12, mar. r. dos orné, fil. tr. dor. (*Rel. anc.*)

Exemplaire avec un second titre intitulé : *Traité des cérémonies superstitieuses des Juifs tant anciens que modernes*. Amsterdam, 1678.

68. La Friponnerie laïque des prétendus esprits forts d'Angleterre, ou Remarques de Phileleuthère de Leipsick sur le discours de la liberté de penser, traduites de l'anglois par M. N. N. (Armand de La Chapelle). *Amsterdam, chez J. Wetstein*, 1738, in-12, mar. r. fil. tête dor. (*Rel. anc.*)

69. Nouvelles Libertés de penser (par Du Marsais). *A Amsterdam*, 1743, in-12, mar. r. dos orné, fil. tr. dor. (*Rel. anc.*)

70. Le Christianisme dévoilé, ou Examen des principes et des effets de la religion chrétienne, par feu M. Boulanger (le baron d'Holbach). *A Londres (Nancy, Leclerc)*, 1767, in-12, mar. r. fil. tr. dor. (*Rel. anc.*)

JURISPRUDENCE

71. L'Esprit de la législation, par M. le baron de Creutz. Traduit de l'allemand par J.-F. Jungert. *Londres, et se trouve à Paris, chez Vente*, 1769, in-12, mar. r. fil. tr. dor. (*Rel. anc.*)

72. Collection des constitutions, chartes et lois fondamentales des peuples de l'Europe et des deux Amériques, par MM. Dufau, J.-B. Duvergier et J. Guadet. *Paris, Pichon et Didier*, 1830, 6 vol. in-8, br.

> Taches de rouille.

73. Si la torture est un moyen seur à vérifier les crimes secrets, dissertation morale et juridique, par Mre Augustin Nicolas. *Amsterdam, Abr. Wolfgang*, 1682, in-12, bas. ant.

> Mouillures.
> Livre curieux.

74. De Agrorum conditionibus et constitutionibus limitum variorum auctorum omnia figuris illustrata. *Parisiis, apud Adr. Turnebum*, 1554, in-4, fig. sur bois, parchemin.

75. Guilielmi Barclaii ducis Lotharingiæ de regno et regali potestate adversus Buchananum, Brutum, Boucherium, et reliquos Monarchomachos, libri sex. *Parisiis, apud Guil. Chaudière*, 1600, in-4, portrait, vél. ornements aux angles et au milieu des plats, fil. tr. dor.

> Bel exemplaire. Jolie reliure de l'époque bien conservée.

76. Les OEuvres de maistre Guy Coquille, sieur de Romenay, contenant plusieurs traités touchant les libertés de l'Église gallicane, etc. *Bordeaux, Cl. Labottière*, 1703, 2 vol. in-fol. bas. marb.

> Mouillures. Piqûres au tome II.

77. Instrument du premier notaire de Jean Papon. *Lyon, par Jean de Tournes*, 1576, in-fol. titre avec encadrement, bas. ant.

> Le titre et le dernier feuillet sont doublés et raccommodés. Fortes mouillures. Notes manuscrites marginales et ratures à l'encre.

78. Coustumes géné‖rales du comté Dartois nouvell‖ement·décrétées.‖Coustumes de Betune, Lens, Sainct Omer‖et Sainct Pol.‖Ordōnnances et stilz de la gouvernance Dar‖ras nouvellement corrigées. ‖ Avec grace de Lempereur.‖ *On les vend en*

Arras, par Jehan Bour||geois, 1553, in-16 de 152 ff. chiffrés, car. gothiques, demi-rel. v. viol.

Petit raccommodage dans la marge extérieure du titre. Mouillures.

79. Coutumes générales de la sénéchaussée et comté de Boulenois, ressorts et enclavements d'icelle, ensemble les coutumes locales de la ville, basse ville et banlieue de Boulogne, Estappes, Wissant, Desvrenne, Herly, Quesque et Nedonchel, avec leurs procez verbaux. *A Boulogne, chez P. Battut*, 1696, in-12, parch.

Mouillures.

80. Les Coustumes générales de || la p̄vosté de Monstroeul avec || les usages et stilz du siege real dudit || lieu de Monstroeul apostilles des cō||cordances du droit civil et canon. (A la fin :) *Nouvellement sont imprimées ce||stes présentes coustumes à Hesdin p. Bauldrain || Ducquin*, 1517, in-4 de 2 ff. prélim. et 73 ff. non chiffrés, car. goth. bas. ant.

Taches de moisissure ; fortes mouillures et piqûres de vers.

81. Statuts et coustumes du pays de Provence, avec les gloses de M. L. Masse. Le tout de nouveau traduict de latin en françois par M. J. de Bomy. *Aix, par Jean Tholosan*, 1620. — Recueil de quelques statuts et coustumes non encores imprimées jusques à présent, rangé et composé par M. J. de Bomy. *Aix, par Jean Tholosan*, 1620. — 2 ouvr. en 1 vol. in-4, parchemin.

Mouillures.

82. Nouveau Commentaire sur les statuts de Provence, par M. Jean-Joseph Julien. *Aix, Esprit David*, 1778, 2 vol. in-4, v. ant. marb.

Notes manuscrites marginales.

83. Arrests sur quelques questions notables prononcez en robe rouge au Parlement de Provence par le Sʳ Du V. (Guill. Du Vair, premier président au Parlement de Provence). *Paris, Abel l'Angelier*, 1610, in-8, titre avec encadrement gravé, dérelié.

---

84. Decretum Gratiani || cum glossis. Ad vetustorum exemplarium || fidem novissime recognitum. *Venundatur Parisiis, apud Iolandem Bonhomme, viduā || Thielmañi Kerver*, 1536, in-4 de 46 ff. prélim. non chiffrés et de 691 ff. chiffrés, texte à 2 col. car. goth. impression rouge et noire, cart.

Piqûres, mouillures.
Le titre est déchiré dans la marge intérieure. Le feuillet 687 est détaché.

85. Petri de Marca dissertationum de concordia sacerdotii et imperii seu de libertatibus Ecclesiæ gallicanæ libri octo. Stephanus Baluzius recognovit, emendavit, illustravit et quintum librum supplevit. *Parisiis, apud Fr. Muguet*, 1669, 2 tomes en 1 vol. in-fol. texte à 2 col. mar. r. dos orné, fil. tr. dor. (*Rel. anc.*)

> Exemplaire aux armes et au chiffre de COLBERT.
> Mouillures.

86. Concordata inter sāctis|simum dominum nostrū || Papam Leonem deci||mum et christianis||simum dominum || nostrum regem || Franciscū hu||jus nomi||nis pri||mum pragmatica sanctio 1534. Facultatis legati. (In fine :) *Imprimé à Paris par Denis Janot pour Pierre Sergent et Jehan Lon||gis, s. a.*, pet. in-12 de 136 ff. chiffrés, bas. ant.

> Raccommodage dans la marge supérieure du titre, soulignures à l'encre et notes manuscrites marginales dans les premiers feuillets.
> *Ex libris* Sunderland.

87. Manuel ecclésiastique de discipline et de droit... par MM. les abbés Garreau et L. B. D. C. *Paris, Desprez*, 1778, in-8, bas. marb.

> Taches.

SCIENCES ET ARTS

I. SCIENCES DIVERSES

88. Platonis Opera omnia latine, ex versione Marsilii Ficini. (In fine :) *Impressum Venetiis, per Bernardinū de Choris de Cremona et Simon de Luero*, 1491, in-fol. de 4 ff. prélim. et 444 ff. chiffrés, car. goth. texte à 2 col. ais de bois recouverts en bas. ant.

> Édition rare de cette version, revue par Marco Musuro.
> Le premier feuillet est détaché ; fortes piqûres de vers et mouillures.
> La reliure est en très mauvais état.

89. De la Logique d'Aristote, par J. Barthélemy Saint-Hilaire. *Paris, Ladrange*, 1838, 2 vol. demi-rel. chag. viol. — Politique d'Aristote, traduite en français par J. Barthélemy Saint-Hilaire. *Paris, Dumont*, 1848, 1 vol. br. — Poétique d'Aristote,

traduite en français par J. Barthélemy Saint-Hilaire. *Paris,
Durand,* 1858, 1 vol. br. — Ens. 4 vol. in-8.

90. L. Annæi Senecæ pars prima, sive Opera philosophica quæ
recognovit et selectis tum J. Lipsii, Gronovii. B. Rhenani, alio-
rumque commentariis, tum suis illustravit notis M. N. Bouil-
let. *Parisiis, Lemaire,* 1827-32, 5 tomes en 6 vol. in-8, demi-
rel. chag. noir.

> Le tome V est en deux parties.
> Taches d'humidité.

91. OEuvres complètes de B. de Spinoza, traduites et annotées
par J.-G. Prat. *Paris, L. Hachette,* 1863-1872, 2 vol. in-12.
portrait, fac-similé, demi-rel. mar. grenat avec coins, tête
dor.

92. La Philosophie de Maine de Biron. essai suivi de fragments
inédits par J. Gérard. *Paris, Germer Baillière,* 1876, in-8,
demi-rel. v. bleu.

93. Lettres philosophiques. traduites de l'anglois de J. Toland
(par le baron d'Holbach, avec deux notes de J.-A. Naigeon).
Londres (Amsterdam, Rey). 1768, in-8, v. fil. (*Thouvenin.*)

94. Le Bon Sens, ou Idées naturelles opposées aux idées sur-
naturelles (par le baron d'Holbach). *Londres,* 1774, in-8, v.
olive, orn. à froid sur les plats.

> En marge sont transcrites les notes que Voltaire avait écrites sur son
> exemplaire.

95. Recueil philosophique, ou Mélange de pièces sur la religion
et la morale par différents auteurs (publié par J.-A. Naigeon).
Londres (Amsterdam), 1770, 2 tomes en 1 vol. pet. in-8, v. olive,
fil. tr. marb. (*Thouvenin.*)

96. Schelling. Philosophie der Mythologie. — Philosophie der
Offenbarung. *Stuttgart,* 1856-1858, 4 vol. in-8, br.

97. Ouvrages philosophiques. Réunion de 7 vol. in-8 et in-12,
vélin vert, reliure uniforme.

> L'Évangile de la Raison (publié par l'abbé Henri-Joseph Dulaurens).
> S. l., 1765, 1 vol. — De la Nature humaine, ou Exposition des facultés,
> des actions et des passions de l'âme et de leurs causes, par Thomas Hob-
> bes, ouvrage traduit de l'anglois (par le baron d'Holbach). *Londres,* 1772,
> 1 vol. — La Politique naturelle, ou Discours sur les vrais principes du
> Gouvernement, par un ancien magistrat (le baron d'Holbach). *Londres,*
> 1773, 2 tomes en 1 vol. — Système social, ou Principes naturels de la
> morale et de la politique, avec un examen de l'influence du gouvernement
> sur les mœurs (par le baron d'Holbach). *Londres,* 1773, 2 tomes en 1 vol.
> — Éthocratie, ou le Gouvernement fondé sur la morale (par le baron
> d'Holbach). *Amsterdam,* 1776, 1 vol. — Théologie portative, ou Diction-
> naire abrégé de la religion chrétienne, par l'abbé Bernier. *Rome,* 1776,
> 1 vol. — Le Bon Sens du curé J. Meslier, suivi de son testament. *Paris,*
> 1802, 1 vol.

98. Méditations métaphysiques, par Descartes. *Paris, Ant.-Aug. Renouard*, 1825, in-12, papier vélin, demi-rel. mar. r. avec coins, tête dor.

99. **La Vie de M. Des-Cartes**, contenant l'histoire de sa philosophie et de ses autres ouvrages..., réduite en abrégé (par Adr. Baillet). *A Paris, chez la veuve Mabre-Cramoisy*, 1693, in-12, frontispice gravé, demi-rel. mar. vert jans. avec coins, tête dor. (*Masson-Debonnelle.*)

100. Aristotelis ad Nichomachum filium de moribus, quæ ethica nominantur libri decem, Joachimo Perionio interprete, per Nicolaum Gruchium correcti et emendati. *Parisiis, apud Jacob. Nicole*, 1579, in-4, car. italiques, bas. ant. ornements sur les plats.

> Piqûres de vers, notes manuscrites marginales. Un des plats de la reliure est détaché.

101. Les Essais de Montaigne, donnez sur les plus anciennes et les plus correctes éditions, avec des notes et de nouvelles tables des matières, par Pierre Coste. *Paris, par la Société*, 1725, 3 vol. in-4, portrait, bas. ant.

> Mouillures au tome Ier.

102. Essais de Montaigne avec les notes de tous les commentateurs; édition publiée par J.-V. Le Clerc. 3 vol. — Descartes. œuvres publiées par M. L.-Aimé Martin, 1 vol. *Paris, Lefèvre*. 1844, 4 vol. pet. in-12, demi-rel. v. br.

103. De la Sagesse, trois livres par Pierre Charron. Nouvelle édition. *Dijon, de l'imprimerie de L.-N. Frontin*, 1801, 4 vol. in-12. demi-rel. v. r. non rog.

> Mouillures sur les titres.

104. Maximes et Réflexions morales du duc de La Rochefoucauld. *A Paris, chez J. Blaise et Pichard*, 1813, in-8, portrait gravé d'après Petitot par P.-P. Choffard et fac-simile d'écriture, mar. r. à longs grains, dos orné, dent. tr. dor. (*Thouvenin.*)

105. Les Caractères de Théophraste, traduits du grec avec les Caractères ou les mœurs de ce siècle (par La Bruyère), huitiesme édition, revue, corrigée et augmentée. *Paris, Estienne Michallet*, 1694, in-12, bas. ant.

> C'est dans cette édition que paraît, pour la première fois, le discours de réception prononcé par La Bruyère à l'Académie.
> Notes manuscrites marginales.

106. Les Caractères de Théophraste et de La Bruyère, avec des notes par M. Coste. *Paris, chez Hochereau et Panckoucke*, 1765, in-4, portrait, v. éc. fil. tr. marb.

107. Les Caractères de La Bruyère. Réimpression de l'édition de
   1696, précédée d'une introduction par Louis Lacour et publiée
   par les soins de D. Jouaust. *Paris, Librairie des Bibliophiles*,
   1873, 2 vol. in-8, portrait, demi-rel. chag. r. avec coins, tête
   dor.
   Notes manuscrites marginales.

108. Considérations sur les mœurs de ce siècle (par Ch. Duclos,
   historiographe de France). *S. l.*, 1751, in-12, mar. r. fil. tr. dor.
   (*Reliure ancienne avec armoiries royales sur les plats.*)

109. Maximes et Réflexions sur différents sujets de morale et de
   politique, par M. de Lévis. *A Paris, P. Didot l'aîné*, 1810, pet.
   in-12, v. gran. fil. tr. marb. (*Simier.*)

110. Le Livre des récompenses et des peines en chinois et en
   français; accompagné de légendes, anecdotes et histoires, traduit du chinois par Stanislas Julion. *Paris, London*, 1835, in-8,
   cart.

111. L'Art de connaître les hommes, par le sieur de La Chambre.
   A Amsterdam, chez Jacques le jeune, 1669, in-12, titre gravé,
   demi-rel. mar. brun jans. avec coins, tr. peigne. (*Allô.*)

112. Élémens philosophiques du citoyen, traicté politique, où
   les fondements de la société civile sont découverts par Thomas Hobbes et traduits en françois par un de ses amis (Sor-
   bière). *A Amsterdam, de l'impr. de Jean Blaeu*, 1649, pet. in-8,
   frontispice, v. f. ant. dos orné, fil. armoiries sur les plats, tr.
   marb. (*Bradel.*)

113. Le Corps politique, ou les Éléments de la loy morale et
   civile, par Thomas Hobbes, anglois, traduit d'anglois en françois par un de ses amis. *S. l.*, 1652, pet. in-12, frontispice
   gravé, mar. r. fil. tr. dor. (*Rel. anc.*)

114. Traicté politique, composé par William Allen, anglois (le
   colonel Silas Titus) et traduit nouvellement en françoys, où il
   est prouvé par l'exemple de Moyse et par d'autres, tirés hors
   de l'Écriture, que tuer un tyran, *titulo vel exercitio*, n'est pas
   un meurtre. *Lugduni*, 1658, pet. in-12 de 172 pages, mar. r.
   dent. tr. dor. (*Rel. anc.*)
   Réimpression faite à Paris par les soins de Mercier de Compiègne, en
   1793, de cette satire dirigée contre Olivier Cromwell.
   Exemplaire sur PAPIER DE HOLLANDE.

115. Système social, ou Principes naturels de la morale et de la
   politique, avec un examen de l'influence du gouvernement
   sur les mœurs (par le baron d'Holbach). *Londres*, 1773, 3 vol.
   in-8, v. ant. marb. dorure à la Padeloup, fil.
   Les plats de la reliure portent les armoiries de LORRAINE accolées de
   BETHIZY.

www.ingramcontent.com/pod-product-compliance
Lightning Source LLC
Chambersburg PA
CBHW061809040426
42447CB00011B/2561